This book belongs to

色 (いろ) - Iro
Color

白 (しろ)
shiro
White

赤 (あか)
aka
Red

緑 (みどり)
midori
Green

黄色 (きいろ)
ki iro
Yellow

桃色 (ももいろ)
momo iro
Pink

茶色（ちゃいろ）
cha iro
Brown

黒（くろ）
kuro
Black

だいだい色（だいだいいろ）
daidai iro
Orange

紫（むらさき）
murasaki
Purple

青（あお）
ao
Blue

灰色（はいいろ）
hai iro
Grey

形（かたち） - Katachi
Shape

長方形（ちょうほうけい）
chouchoukei
Rectangle

三角形（さんかくけい）
sankakkei
Triangle

五角形（ごかくけい）
Gokakukei
Pentagon

丸 (まる)　円形 (えんけい)
maru　　　　　enkei

Circle

四角形
(しかくけい)
shikakukei
Square

楕円形
(だえんけい)
daenkei
Oval

数字 (すうじ) - Suuji
Number

一 (いち)
ichi
One

二 (に)
ni
Two

三 (さん)
san
Three

四 (よん / し)
shi, yon
Four

五 (ご)
go
Five

六 (ろく)
roku
Six

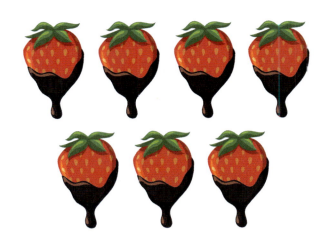

七 (なな/しち)

shichi, nana
Seven

八 (はち)

hachi
Eight

九 (く/きゅう)

kyuu, ku
Nine

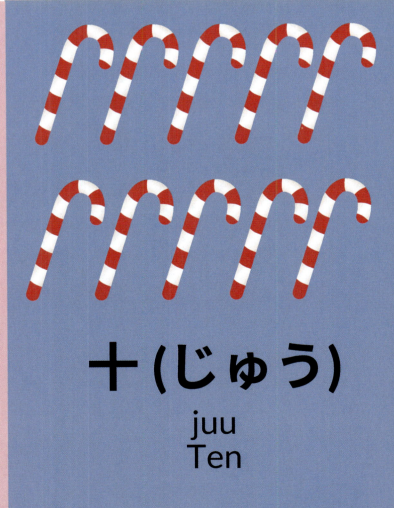

十 (じゅう)

juu
Ten

家族 (かぞく)- Kazoku
Family

親 (おや)
oya
Parents

**お父さん
(おとうさん)**
otousan
Father
(informal)

**父
(ちち)**
chichi
Father
(formal)

**お母さん
(おかあさん)**
okaasan
Mother
(informal)

**母
(はは)**
haha
Mother
(formal)

子供 (こども)
kodomo
Children

息子 (むすこ)
musuko
Son

娘 (むすめ)
musume
Daughter

弟 (おとうと)
otouto
Little brother

御兄さん (おにいさん)
oniisan
Older brother (informal)

兄 (あに)
ani
Older brother (formal)

妹 (いもうと)
imouto
Little sister

御姉さん (おねえさん)
oneesan
Older sister (informal)

姉 (あね)
ane
Older sister (formal)

祖父母 (そふぼ)
sofubo
Grandparents

御祖父さん (おじいさん)
ojiisan
Grandfather (informal)

祖父 (そふ)
sofu
Grandfather (formal)

御祖母さん (おばあさん)
obaasan
Grandmother (informal)

祖母 (そぼ)
sobo
Grandmother (formal)

体 (からだ) - Karada
Body

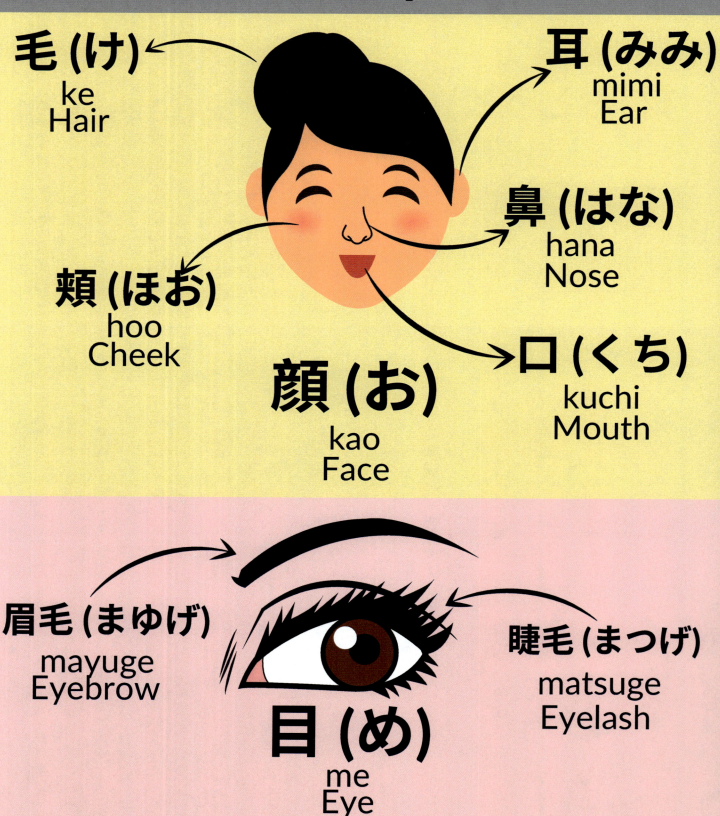

毛 (け)
ke
Hair

耳 (みみ)
mimi
Ear

鼻 (はな)
hana
Nose

頬 (ほお)
hoo
Cheek

口 (くち)
kuchi
Mouth

顔 (お)
kao
Face

眉毛 (まゆげ)
mayuge
Eyebrow

睫毛 (まつげ)
matsuge
Eyelash

目 (め)
me
Eye

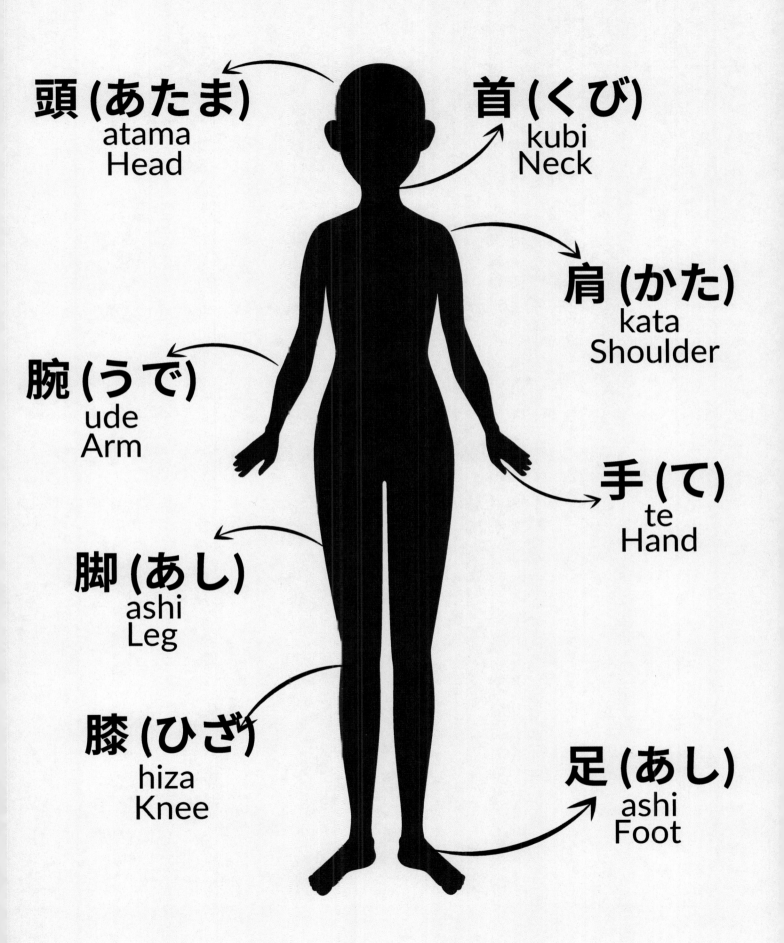

服 (ふく) - Fuku
Clothing

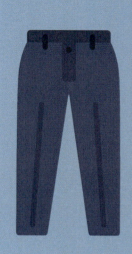

ズボン
zubon
Trousers

スカート
sukaato
Skirt

ドレス
doresu
Dress

ワイシャツ
waishatsu
Shirt

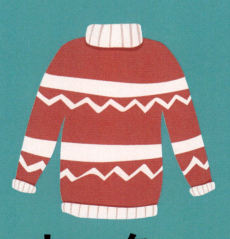

セーター
seetaa
Sweater

コート
kooto
Coat

Tシャツ
tiishatsu
T-shirt

靴下 (くつした)
kutsushita
Socks

靴 (くつ)
kutsu
Shoes

帽子 (ぼうし)
boushi
Hat

キャップ
kyappu
Cap

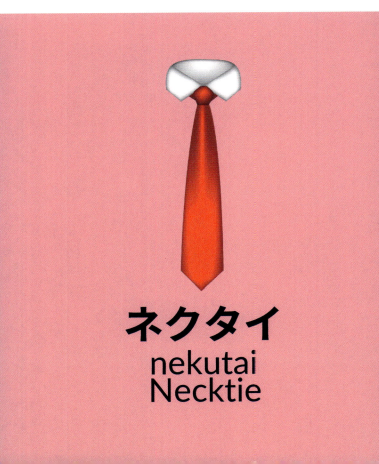

ネクタイ
nekutai
Necktie

家 (うち) - Uchi
House

テーブル
teburu
Table

椅子 (いす)
isu
Chair

テレビ
terebi
Television

ベッド
beddo
Bed

カーテン
katen
Curtain

枕 (まくら)
makura
Pillow

風呂 (ふろ)
furo
Bathtub

ヘアブラシ
heaburashi
Hairbrush

歯ブラシ (はブラシ)
haburashi
Toothbrush

歯磨き (はみがき)
hamigaki
Toothpaste

タオル
taoru
Towel

石けん (せっけん)
sekken
Soap

動物 (どうぶつ) - Dou butsu
Animal

犬 (いぬ)
inu
Dog

猫 (ねこ)
neko
Cat

兎 (ウサギ)
usagi
Rabbit

馬 (ウマ)
uma
Horse

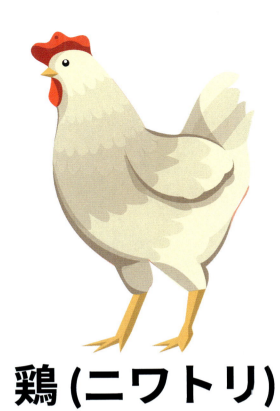

鶏 (ニワトリ)
niwatorioo
Hen

羊 (ヒツジ)
hitsuji
Sheep

鴨 (カモ)
ori
Duck

猿 (サル)
saru
Monkey

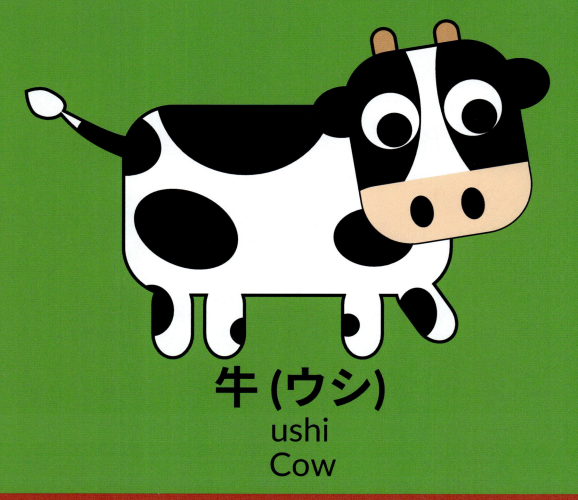

牛 (ウシ)
ushi
Cow

熊 (クマ)
kuma
Bear

NOTES

NOTES

_____

_____

_____

_____

_____

_____

_____

_____

_____

_____

NOTES

NOTES

NOTES

農民
(のうみん)
noumin
Farmer

消防士
(しょうぼうし)
shoubou shi
Firefighter

歌手 (かしゅ)
kashu
Singer

弁護士 (べんごし)
bengo shi
Lawyer

看護師 (かんごし)
kango shi
Nurse

警察官
(けいさつかん)
keisatsu kan
Police officer

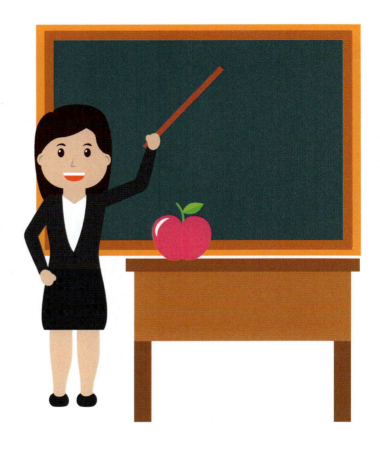

教授
(きょうじゅ)
kyouku
Teacher

**給仕 (きゅうじ)
/ ウエーター**

kyuuji / ueetaa
Waiter

**料理人 (りょうりにん)
/ クック**

ryouri nin / kukku
Cook

職業 (しょくぎょう) - Shoku gyou
Occupation

**政治家
(せいじか)**
seiji ka
Politician

**医者
(いしゃ)**
isha
Doctor

南瓜 (かぼちゃ)
buchu
Pumpkin

じゃが芋
(じゃがいも)
jagaimo
Potato

トマト
tomato
Tomato

人参 (にんじん)
ninjin
Carrot

玉葱 (たまねぎ)
tamanegi
Onion

果物 (くだもの) - Kuda mono / 野菜 (やさい) - Yasai
Fruit / Vegetable

バナナ
banana
Banana

檸檬 (レモン)
remon
Lemon

林檎 (りんご)
ringo
Apple

オレンジ
olenji
Orange

西瓜 (すいか)
suika
Watermelon

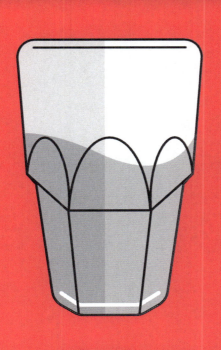

グラス
gurasu
Glass

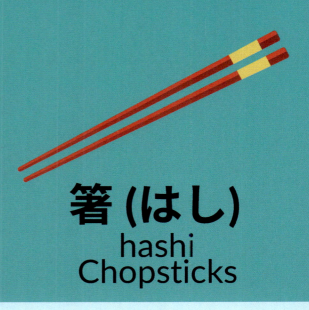

箸 (はし)
hashi
Chopsticks

お皿 (おさら)
osara
Plate

瓶 (びん)
bin
Bottle

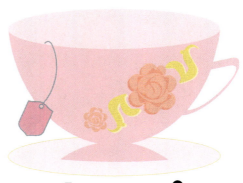

カップ
kappu
Cup

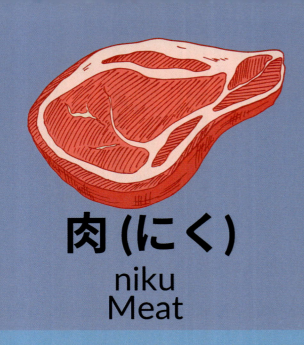

肉 (にく)
niku
Meat

砂糖 (さとう)
satou
Sugar

塩 (しお)
shio
Salt

スプーン
supun
Spoon

フォーク
foku
Fork

べ物 (たべもの) - Tabe mono
Food

ご飯 (ごはん)

gohan
Rice

油 (あぶら)

abura
Oil

パン

pan
Bread

水 (みず)

mizu
Water

**牛乳
(ぎゅうにゅう)**

gyuunyuu
Milk

バス

basu
Bus

電車 (でんしゃ)

densha
Train

飛行機 (ひこうき)

hikouki
Airplane

乗り物 (のりもの) - Norimono
Transport

船 (ふね)
fune
Boat

バイク
baiku
Motorbike

自転車 (じてんしゃ)
jitensha
Bicycle

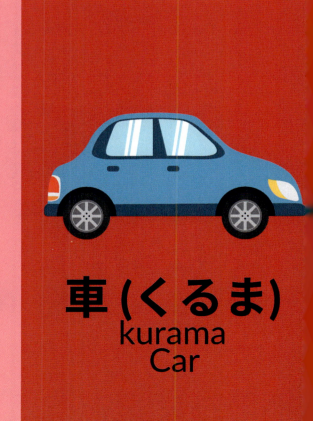

車 (くるま)
kurama
Car

季節 (きせつ)- Kisetsu
Season

春 (はる)
haru
Spring

夏 (なつ)
natsu
Summer

冬 (ふゆ)
fuyu
Winter

秋 (あき)
aki
Fall/Autumn

雪 (ゆき)
yuki
Snow

葉 (は)
ha
Leaf

花 (はな)
hana
Flower

雷 (かみなり)
kaminari
Thunderstorm

木 (き)
namu
Tree

昼 (ひる)

hiru
Day

夜 (よる)

yoru
Night

自然 (しぜん) - Shizen
Nature

お日様 (おひさま)
oshisama
Sun

月 (つき)
tsuki
Moon

雲 (くも)
kumo
Cloud

空 (そら)
sora
Sky

雨 (あめ)
ame
Rain

獅子 (しし)
shishi
Lion

蝸牛 (カタツムリ)
katatsumuri
Snail

麒麟 (キリン)
kirin
Giraffe

象 (ぞう)
zou
Elephant

魚 (さかな)
sakana
Fish